Rechengeschichten
Addieren

1 a)

2 + 3 = ____

b)

4 + ____ = ____

c)

3 + ____ = ____

d)

1 + ____ = ____

2 a)

4 + ____ = ____

b)

____ + ____ = ____

c)

____ + ____ = ____

d)

____ + ____ = ____

QR-Code: Erklärvideo nutzen.
Rechengeschichten erzählen und rechnen.

1 a)

5 − 1 = ___

b)

3 − ___ = ___

c)

5 − ___ = ___

d)

5 − ___ = ___

2 a)

4 − 1 = ___

b)

6 − ___ = ___

c)

___ − ___ = ___

d)

___ − ___ = ___

QR-Code: Erklärvideo nutzen.
Rechengeschichten erzählen und rechnen.

Rechengeschichten
Addieren oder Subtrahieren

1 Welche Aufgabe passt zum Bild? Kreuze an.

a)

- [ ] Plusgeschichte +
- [x] Minusgeschichte –

b)

- [ ] Plusgeschichte +
- [ ] Minusgeschichte –

c)

- [ ] Plusgeschichte +
- [ ] Minusgeschichte –

d)

- [ ] Plusgeschichte +
- [ ] Minusgeschichte –

e)

- [ ] Plusgeschichte +
- [ ] Minusgeschichte –

f)

- [ ] Plusgeschichte +
- [ ] Minusgeschichte –

Rechengeschichten erzählen. Jeweils entscheiden, ob es eine Additions- oder Subtraktionsaufgabe ist und passendes ankreuzen.

1 Welche Aufgabe passt zum Bild? Kreuze an. ⊗

a)

◯ Plusgeschichte +

⊗ Minusgeschichte –

b)

◯ Plusgeschichte +

◯ Minusgeschichte –

c)

◯ Plusgeschichte +

◯ Minusgeschichte –

d)

◯ Plusgeschichte +

◯ Minusgeschichte –

e)

◯ Plusgeschichte +

◯ Minusgeschichte –

f)

◯ Plusgeschichte +

◯ Minusgeschichte –

Rechengeschichten erzählen. Jeweils entscheiden, ob es eine Additions- oder Subtraktionsaufgabe ist und passendes ankreuzen.

1 Welche Aufgabe passt zum Bild? Kreuze an und rechne. ☒

a)

○ 5 − 3 = ____

☒ 2 + 3 = ____

b)

○ 4 − 3 = ____

○ 2 + 3 = ____

c)

○ 4 + 2 = ____

○ 4 − 2 = ____

d)

○ 2 + 1 = ____

○ 2 − 1 = ____

2 a)

○ 6 − 3 = ____

○ 3 + 3 = ____

b)

○ 5 − 4 = ____

○ 5 + 4 = ____

c)

○ 4 + 1 = ____

○ 4 − 1 = ____

d)

○ 3 + 2 = ____

○ 3 − 2 = ____

Rechengeschichten erzählen. Passende Aufgabe ankreuzen und nur diese ausrechnen.

Rechengeschichten
Aufgaben zuordnen

1 Welche Aufgabe passt zum Bild? Kreuze an und rechne. ☒

a)

☐ 4 – 4 = ____

☒ 4 + 4 = ____

b)

☐ 7 – 2 = ____

☐ 8 + 2 = ____

c)

☐ 6 – 1 = ____

☐ 6 + 1 = ____

d)

☐ 10 – 3 = ____

☐ 7 + 3 = ____

2 a)

☐ 9 – 4 = ____

☐ 6 + 4 = ____

b)

☐ 9 – 3 = ____

☐ 9 + 3 = ____

c)

☐ 8 – 2 = ____

☐ 7 + 2 = ____

d)

☐ 9 + 1 = ____

☐ 10 – 1 = ____

Rechengeschichten erzählen. Passende Aufgabe ankreuzen und nur diese ausrechnen.

1 Welche Aufgabe passt zum Bild? Kreuze an und rechne. ☒

a)

☒ 5 − 4 = ____
◯ 6 + 4 = ____

b)

◯ 4 + 2 = ____
◯ 6 − 4 = ____

c)

◯ 5 − 1 = ____
◯ 5 + 1 = ____

d)

◯ 4 − 4 = ____
◯ 4 + 1 = ____

2 a)

◯ 8 + 2 = ____
◯ 8 − 0 = ____

b)

◯ 7 + 3 = ____
◯ 6 − 3 = ____

c)

◯ 5 − 3 = ____
◯ 5 + 3 = ____

d)

◯ 5 + 4 = ____
◯ 6 − 3 = ____

Rechengeschichten erzählen. Passende Aufgabe ankreuzen und nur diese ausrechnen.

Geld
Cent

1

1 ct

____ ct

____ ct

____ ct

____ ct

____ ct

2

a) 
20 ct

b) 
____ ct

c) 
____ ct

d) 
____ ct

e) 
____ ct

f) 
____ ct

3

a) 
____ ct

b) 
____ ct

c) 
____ ct

d) 
____ ct

e) 
____ ct

f) 
____ ct

Rechengeld legen.
Geldbeträge addieren und notieren.

1

1 € ___ € ___ € ___ € ___ € ___ € ___ €

2

a)

15 €

b)

___ €

c)

___ €

d)

___ €

e)

___ €

f)

___ €

3

a)

___ €

b)

___ €

c)

___ €

d)

___ €

e)

___ €

f)

___ €

Rechengeld legen.
Geldbeträge addieren und notieren.

1 a)

10 ct + 5 ct = ____ ct

b)

____ ct + ____ ct = ____ ct

c)

____ ct + ____ ct = ____ ct

d)

____ ct + ____ ct = ____ ct

2 a)

____ ct + ____ ct = ____ ct

b)

____ ct + ____ ct = ____ ct

Mit Rechengeld nachspielen.
1 Preise eintragen und Summen berechnen.
2 Eigene Kombinationen malen und berechnen.

1 a)

5 € + ___ € = ___ €

b)

___ € + ___ € = ___ €

c)

___ € + ___ € = ___ €

d)

___ € + ___ € = ___ €

2 a)

___ € + ___ € = ___ €

b)

___ € + ___ € = ___ €

Mit Rechengeld nachspielen.

1 Preise eintragen und Summen berechnen.

2 Eigene Kombinationen malen und berechnen.

1 Die Kinder der Klasse 2b nannten ihr Lieblingsessen.

die Pizza

die Nudeln

der Pfannkuchen

die Pommes

Pfannkuchen	5
Pommes	10
Pizza	3
Nudeln	6

a) Welches Essen nannten die meisten Kinder?

____

b) Welches Essen nannten die wenigsten Kinder?

____

c) Welches Essen nannten fünf Kinder?

____

d) Welches Essen nannten drei Kinder?

____

e) Wie viele Kinder nannten Pommes?

____

Der Tabelle Daten entnehmen. Fragen beantworten.

1 Die Kinder der Klasse 2b nannten ihr Lieblingsgetränk.

die Milch

der Orangensaft

das Wasser

der Kakao

Milch	5
Orangensaft	10
Wasser	2
Kakao	1

a) Zeichne das Balkendiagramm.

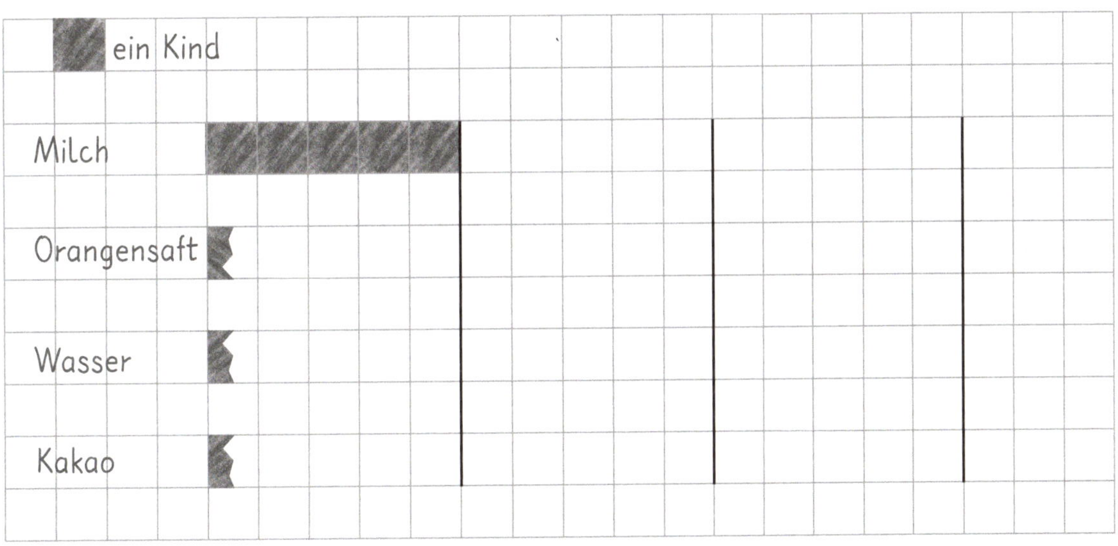

b) Wie viele Kinder nannten Orangensaft? ______________________

c) Wie viele Kinder nannten Milch? ______________________

d) Wie viele Kinder nannten Wasser? ______________________

e) Welches Getränk nannten die wenigsten Kinder? ______________________

Der Tabelle Daten entnehmen und ein Balkendiagramm dazu zeichnen.
Fragen beantworten.

1 Die Kinder der Klasse 2a nannten ihr Lieblingsgetränk.

die Milch

der Orangensaft

das Wasser

der Kakao

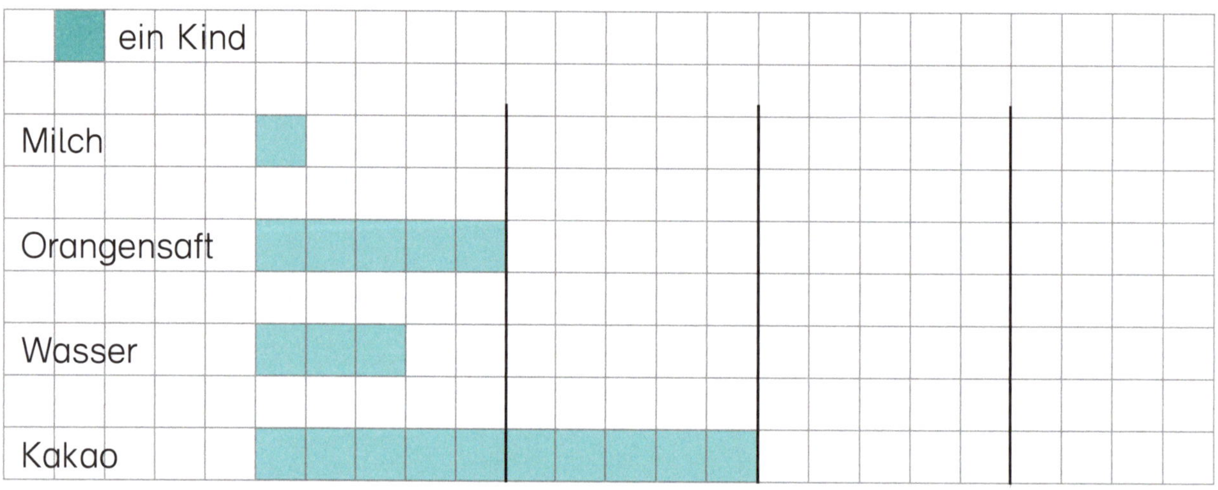

a) Welches Getränk wurde am häufigsten genannt?

____

b) Wie viele Kinder nannten Kakao?

____

c) Wie viele Kinder nannten Milch?

____

d) Welches Getränk nannten drei Kinder?

____

e) Wie viele Kinder nannten Orangensaft?

____

Dem Balkendiagramm Daten entnehmen.
Fragen beantworten.

Daten und Häufigkeiten

Balkendiagramme und Tabellen – Lieblingsessen

1 Die Kinder der Klasse 2a nannten ihr Lieblingsessen.

die Pizza

die Nudeln

der Pfannkuchen

die Pommes

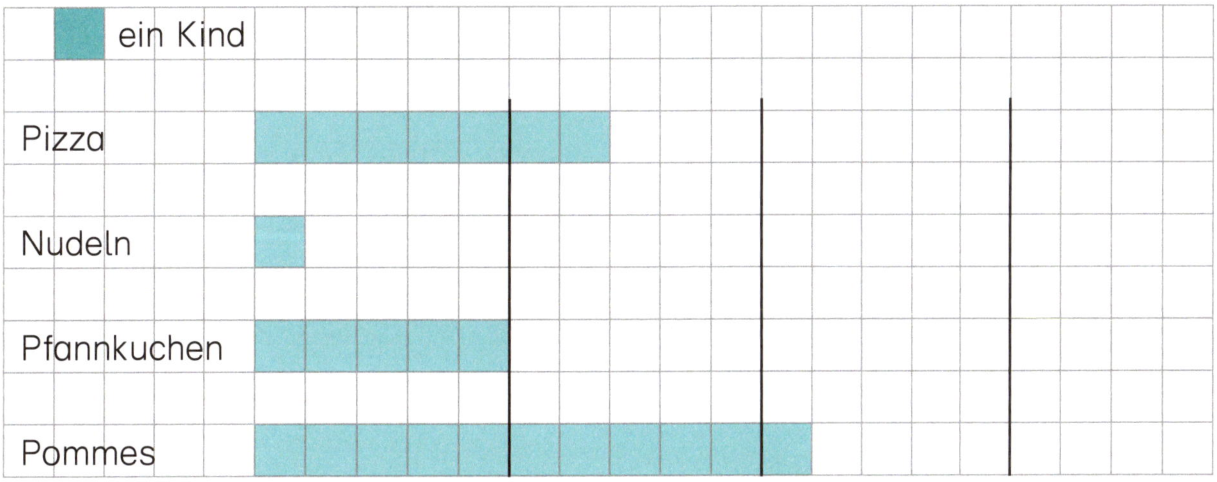

a) Trage in die Tabelle ein.

Pizza	7
Nudeln	
Pfannkuchen	
Pommes	

b) Wie viele Kinder nannten Pizza? ______________________

c) Wie viele Kinder nannten Nudeln? ______________________

d) Wie viele Kinder nannten Pfannkuchen? ______________________

e) Welches Essen nannten die meisten Kinder? ______________________

Dem Balkendiagramm Daten entnehmen und in die Tabelle eintragen.
Fragen beantworten.

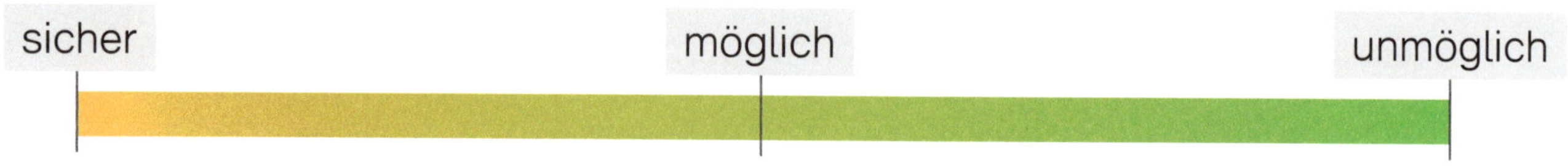

1 Emma kann die Fische **nicht** sehen.
Sie angelt nur **einmal**. Kreuze an. 

a) 

A Sie angelt einen grünen Fisch.

B Sie angelt einen blauen Fisch.

C Sie angelt einen grünen oder einen gelben Fisch.

sicher	möglich	unmöglich

b) 

A Sie angelt einen gelben Fisch.

B Sie angelt einen gelben oder einen grünen Fisch.

C Sie angelt einen roten Fisch.

sicher	möglich	unmöglich

c) 

A Sie angelt einen gelben Fisch.

B Sie angelt einen gelben oder einen roten Fisch.

C Sie angelt einen roten Fisch.

sicher	möglich	unmöglich

1 Male die Fische jeweils passend an.

a) Es ist sicher, dass ich einen roten Fisch angele.

b) Es ist möglich, dass ich einen roten Fisch angele.

c) Es ist unmöglich, dass ich einen roten Fisch angele.

2 Male die Fische jeweils passend an.

a) Es ist sicher, dass ich einen blauen Fisch angele.

b) Es ist möglich, dass ich einen blauen Fisch angele.

c) Es ist unmöglich, dass ich einen blauen Fisch angele.

1 a)  30 ct

b)  ____ ct

c)  ____ ct

2 a)  ____ €

b)  ____ €

c)  ____ €

3

A Sie angelt einen gelben Fisch.

B Sie angelt einen gelben oder einen grünen Fisch.

C Sie angelt einen roten Fisch.

sicher	möglich	unmöglich

Zuerst Aufgaben lösen, dann selbst einschätzen.

Sachrechnen
Fragen zuordnen

1 Welche **Fragen** kannst du beantworten? Kreuze an.

	Kann ich beantworten.	Kann ich **nicht** beantworten.	Ergebnis
A Wie teuer ist der Ball?	☒	○	3 €
B Wie schnell fährt das Auto?	○	○	
C Wie viel kostet der Hubschrauber?	○	○	
D Wie viel kostet das Seil?	○	○	
E Wie teuer ist der Teddy?	○	○	

2 Welche **Fragen** kannst du beantworten? Kreuze an.

	Kann ich beantworten.	Kann ich **nicht** beantworten.	Ergebnis
A Wie viel kostet das Polizeiauto?	○	○	
B Wie viele Seiten hat das Buch?	○	○	
C Wie alt ist die Puppe?	○	○	
D Wie teuer ist die Puppe?	○	○	
E Wie viel kostet die Federmappe?	○	○	

Ankreuzen, ob die Fragen mit den Angaben beantwortet werden können. Rechnen.

1 Rechne und antworte.

a) Toni kauft die Puppe und das Buch.
Wie viel muss Toni bezahlen?

5 € + 2 € = ____ €

Sie muss ____ € bezahlen.

b) Sandro kauft das Polizeiauto und das Buch.
Wie viel muss Sandro bezahlen?

____ € + ____ € = ____ €

Er muss ____ € bezahlen.

c) Leonardo kauft das Cabrio und die Federmappe.
Wie viel muss Leonardo bezahlen?

____ € + ____ € = ____ €

Er muss ____ € bezahlen.

Rechnen und die passende Lösung im Antwortsatz ergänzen.

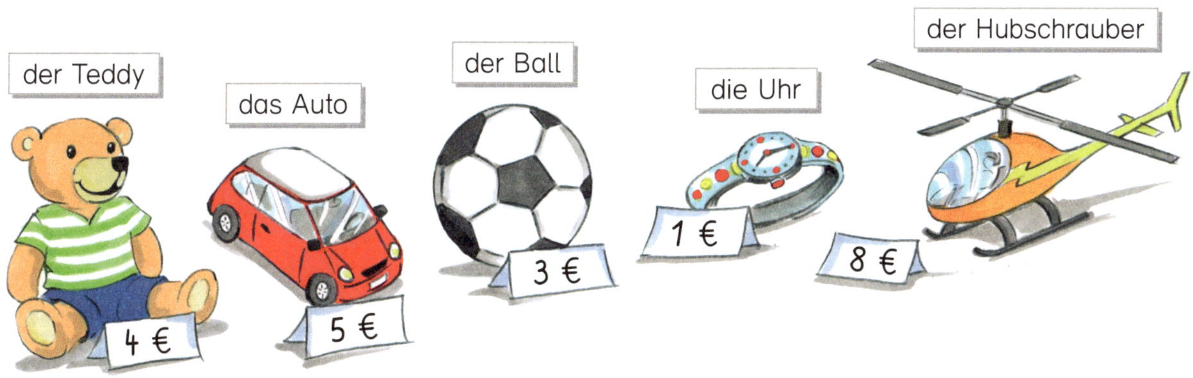

1 Welche **Antwort** passt jeweils? Rechne und kreuze an.

a) Nazar kauft den Teddy und das Auto.
Wie viel muss Nazar bezahlen?

4 € + 5 € = ___ €

- ◯ Er hat noch ___ € übrig.
- ◯ Er muss ___ € bezahlen.

b) Celin hat 10 €. Sie kauft die Uhr.
Wie viel Geld hat Celin noch übrig?

10 € − ___ € = ___ €

- ◯ Sie muss ___ € bezahlen.
- ◯ Sie hat noch ___ € übrig.

c) Ida hat 10 €. Sie kauft den Hubschrauber.
Wie viel Geld hat Ida noch übrig?

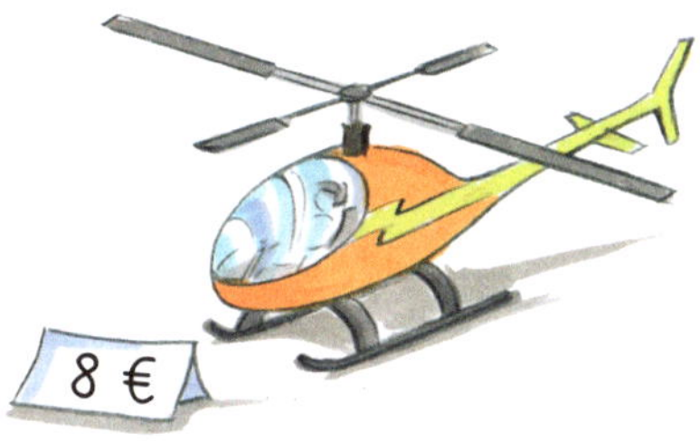

10 € − ___ € = ___ €

- ◯ Sie hat noch ___ € übrig.
- ◯ Sie muss ___ € bezahlen.

Rechnen und jeweils die passende Antwort ankreuzen.
Die passende Lösung im Antwortsatz ergänzen.

1 Emmas Lieblingssorten sind Erdbeere und Schoko.
Sie möchte zwei Kugeln bestellen.
Welche Möglichkeiten hat sie?
Male die Kugeln an.

Sie hat _____ Möglichkeiten.

2 Sandors Lieblingssorten sind Erdbeere und Blaubeere.
Er möchte zwei Kugeln bestellen.
Welche Möglichkeiten hat er?
Male die Kugeln an.

Er hat _____ Möglichkeiten.

Nicht die Anordnung, nur die Farben sind wichtig (rot – braun = braun – rot).

1 Andriys Lieblingssorten sind Erdbeere, Schoko und Blaubeere.
Er möchte zwei Kugeln bestellen.
Welche Möglichkeiten hat er?
Male die Kugeln an.

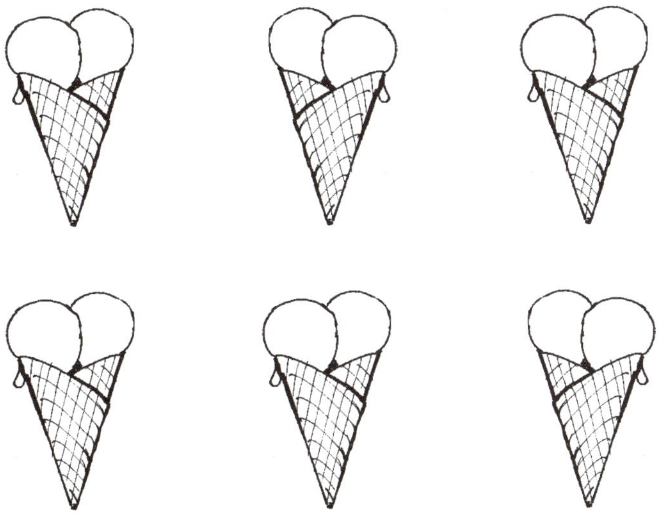

Er hat _____ Möglichkeiten.

2 Somajas Lieblingssorten sind Erdbeere, Blaubeere und Mango.
Sie möchte zwei Kugeln bestellen.
Welche Möglichkeiten hat sie?
Male die Kugeln an.

Sie hat _____ Möglichkeiten.

Nicht die Anordnung, nur die Farben sind wichtig (rot – braun = braun – rot).

1 Sicher, möglich oder unmöglich? Entscheide und kreuze an.

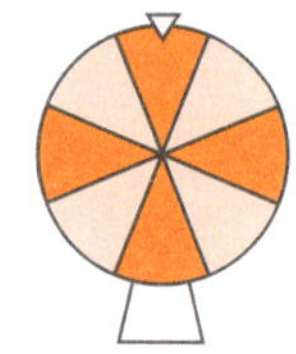

a) Ich treffe Rot.

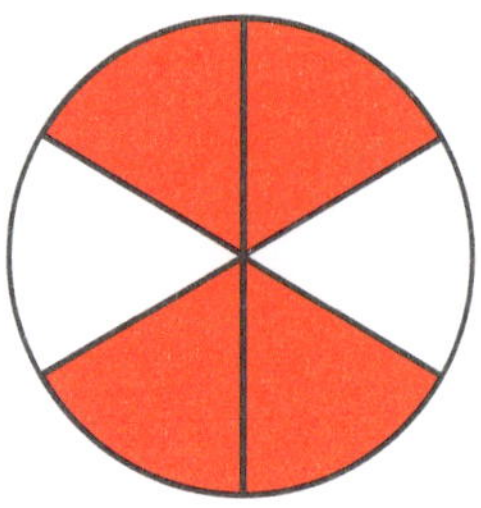

- ◯ sicher
- ◯ möglich
- ◯ unmöglich

b) Ich treffe Rot.

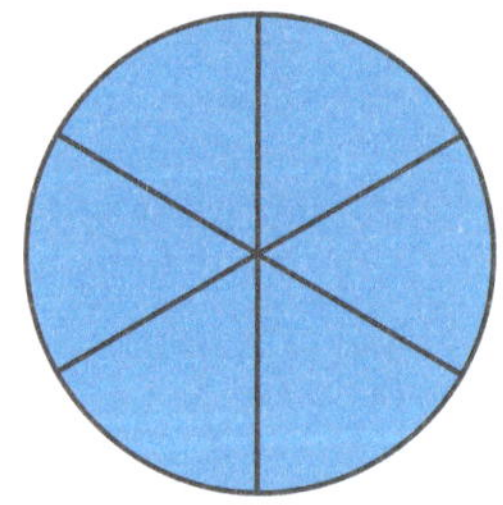

- ◯ sicher
- ◯ möglich
- ◯ unmöglich

c) Ich treffe Rot.

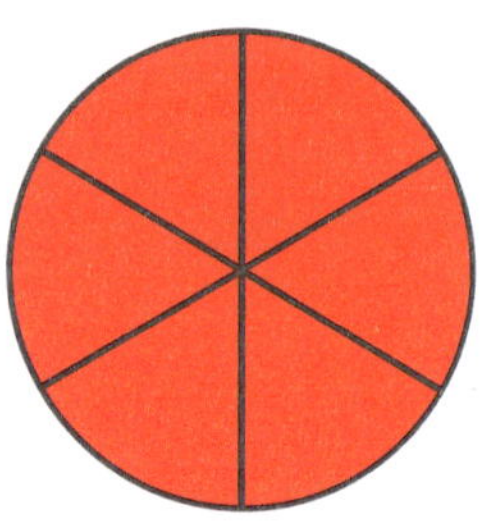

- ◯ sicher
- ◯ möglich
- ◯ unmöglich

d) Ich treffe Rot.

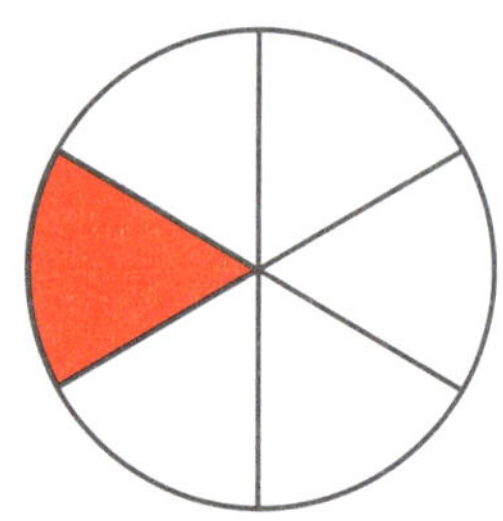

- ◯ sicher
- ◯ möglich
- ◯ unmöglich

e) Ich treffe Blau.

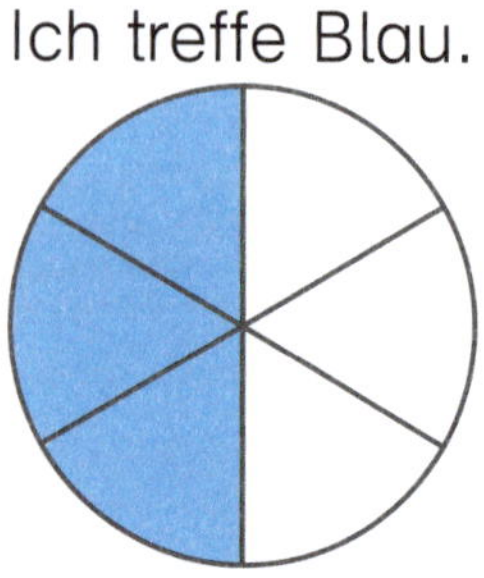

- ◯ sicher
- ◯ möglich
- ◯ unmöglich

f) Ich treffe Blau.

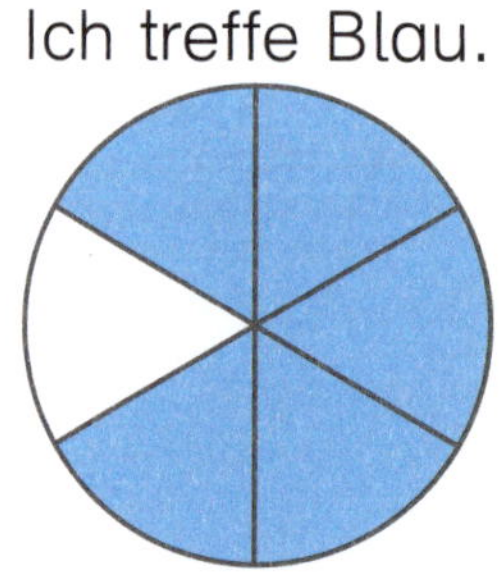

- ◯ sicher
- ◯ möglich
- ◯ unmöglich

Zufall und Wahrscheinlichkeit
Glücksrad

1 Male die Glücksräder passend an.

a) Es ist sicher, dass Blau gewinnt.

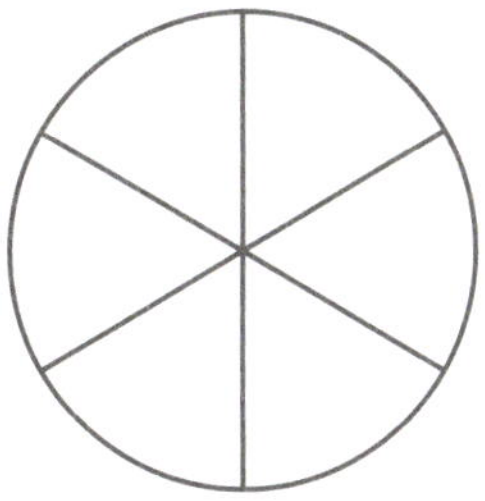

b) Es ist unmöglich, dass Blau gewinnt.

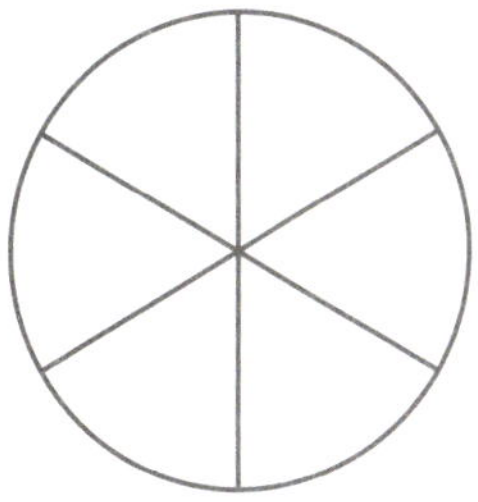

c) Es ist möglich, dass Blau gewinnt.

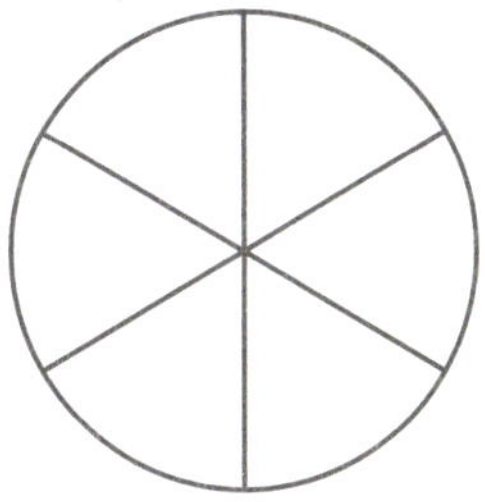

d) Es ist möglich, dass Rot gewinnt.

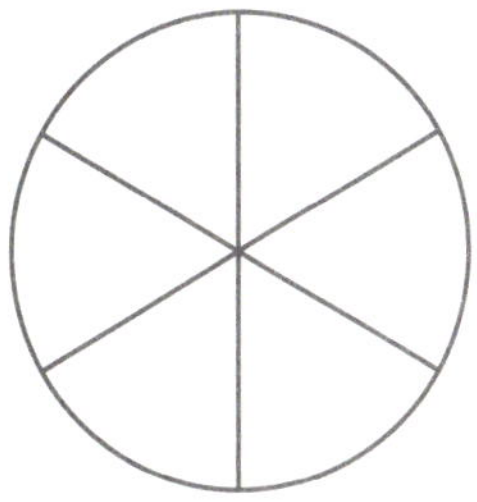

e) Es ist unmöglich, dass Rot gewinnt.

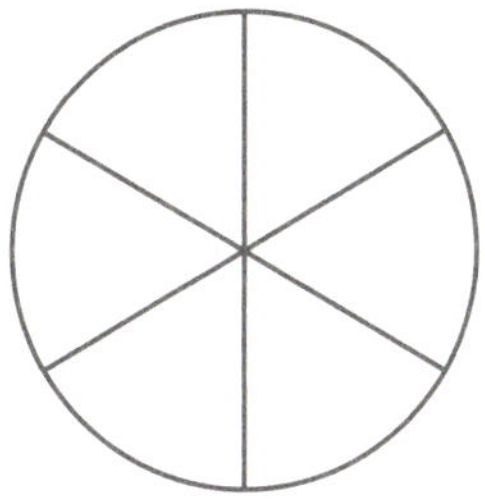

f) Es ist sicher, dass Rot gewinnt.

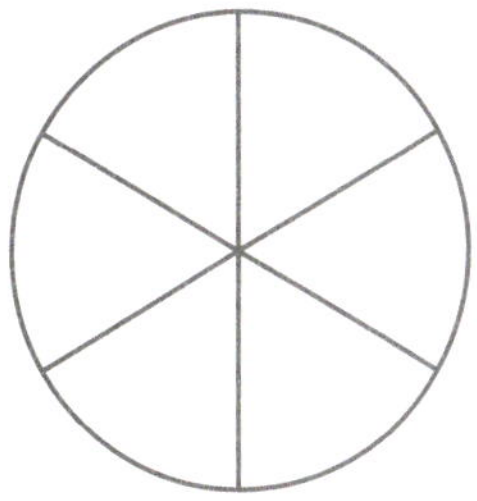

1 Welche **Frage** passst jeweils?
Kreuze an.

a) Anna geht mit ihrer Mutter in den Zoo.

- ◯ Wie viel Geld bekommen sie zurück?
- ◯ Wie viel Geld müssen sie bezahlen?

b) Jana und Roha gehen zusammen in den Zoo. Sie bezahlen mit einem 20-€-Schein.

- ◯ Reicht das Geld?
- ◯ Wie heißt die Kassiererin?

c) Frau Schneider geht mit Frau Celik in den Zoo.

- ◯ Wie viel kostet der Eintritt für ein Kind?
- ◯ Wie viel kostet der Eintritt zusammen?

d) Frau Schneider geht mit Roha in den Zoo. Sie bezahlen mit einem 50-€-Schein.

- ◯ Wie lange bleiben sie im Zoo?
- ◯ Reicht das Geld?

1 Wie viel müssen sie jeweils zusammen bezahlen? Rechne und antworte.

a) Frau Müller geht mit Jan in den Tierpark.

Rechnung: 7 € + ___ € = ___ €

Antwort: Sie müssen ___ € bezahlen.

b) Ida und Henri gehen in den Tierpark.

Rechnung: ___ € + ___ € = ___ €

Antwort: Sie müssen ___ € bezahlen.

c) Herr Schneider geht mit Frau Schneider in den Tierpark.

Rechnung: ___ € + ___ € = ___ €

Antwort: ______________________

d) Anton, Malak und Jona gehen in den Tierpark.

Rechnung: ___ € + ___ € + ___ € = ___ €

Antwort: ______________________

1 Welche **Skizze** passt zur Rechengeschichte? Kreuze an.
Wie viele Beine sind es jeweils zusammen?

a) Im Elefantengehege leben 2 Elefanten.

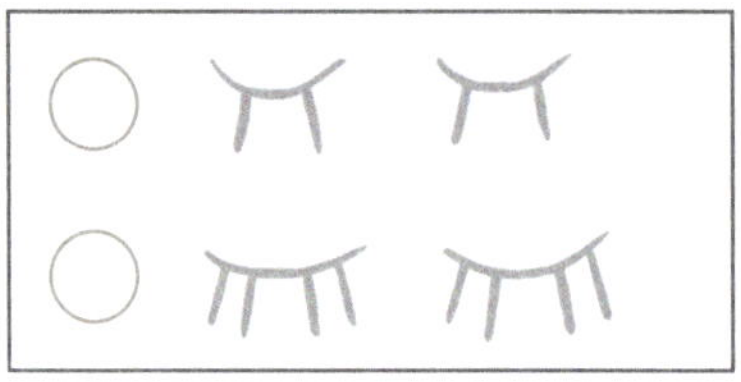

Rechnung: 4 + 4 = ______

Antwort: Es sind zusammen ______ Beine.

b) Im Elefantengehege leben 3 Elefanten.

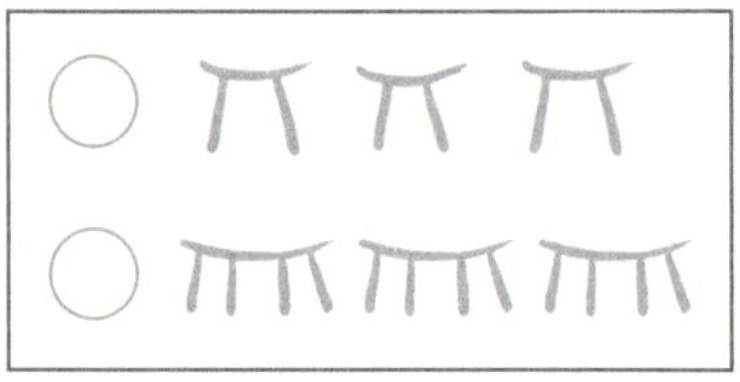

Rechnung: ___ + ___ + ___ = ______

Antwort: Es sind zusammen ______ .

c) Im Straußengehege leben 2 Strauße.

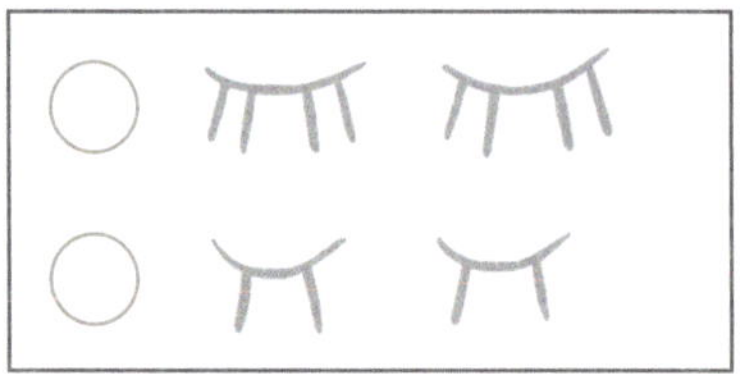

Rechnung: ___ + ___ = ______

Antwort: Es sind ______

d) Im Straußengehege leben 4 Strauße.

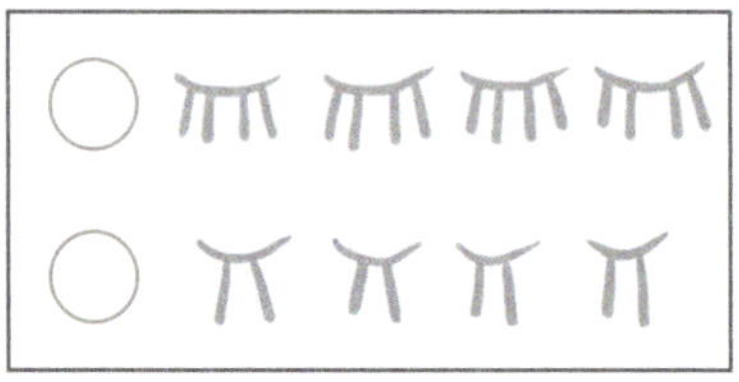

Rechnung: ___ + ___ + ___ + ___ = ______

Antwort: Es sind ______

1 Welche **Skizze** passt? Kreuze an.
Wie viele Beine sind es jeweils zusammen?

a) Auf dem Teich schwimmen 2 Enten.

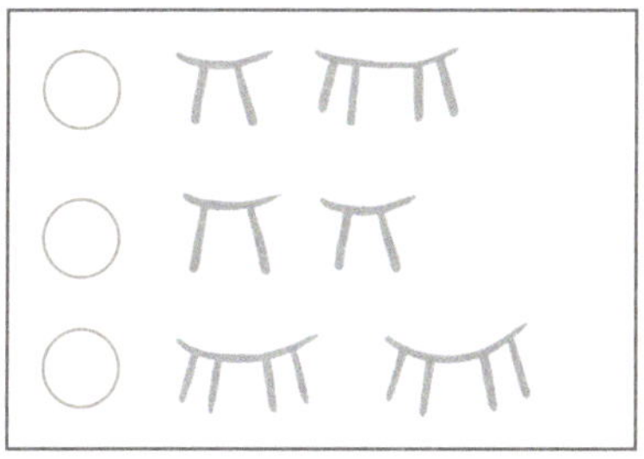

Rechnung: ___ + ___ = ___

Antwort: Es sind zusammen ___ Beine.

b) Auf dem Teich schwimmen 3 Enten.

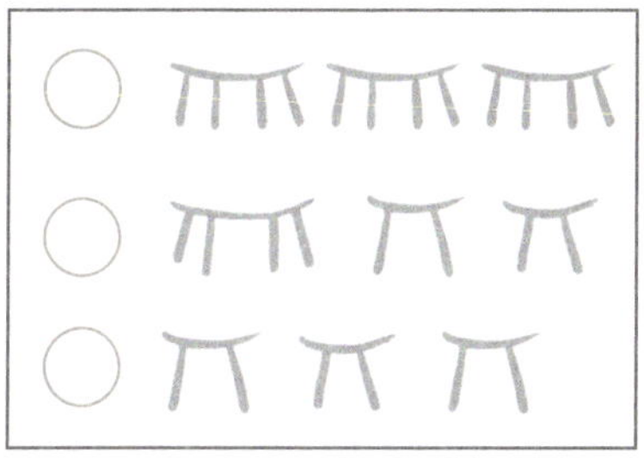

Rechnung: ___ + ___ + ___ = ___

Antwort: Es sind zusammen ___ .

c) Im Tigergehege leben 3 Tiger.

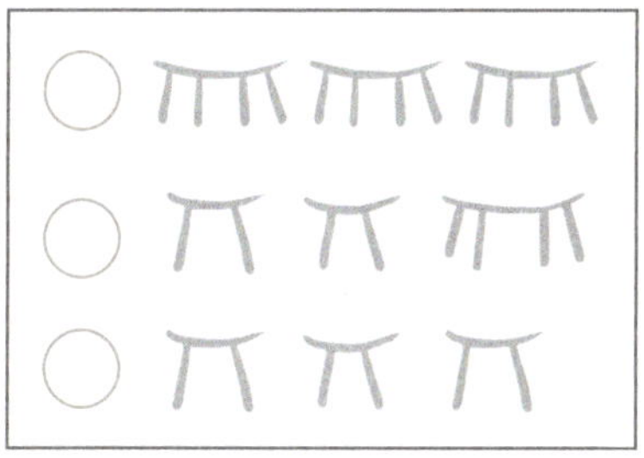

Rechnung: ___ + ___ + ___ = ___

Antwort: Es sind ___

d) Im Tigergehege leben 2 Tiger.

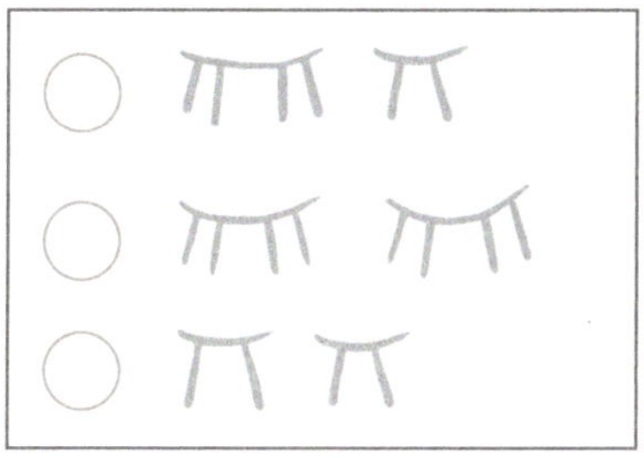

Rechnung: ___ + ___ = ___

Antwort: Es sind ___

1

Welche **Antwort** passt? Rechne und kreuze an.
Meli kauft den Ball und die Stifte.
Wie viel muss sie bezahlen?

____ € + ____ € = ____ €

○ Sie muss _____ € bezahlen.
○ Sie hat noch _____ € übrig.

2 Welche **Skizze** passt zur Rechengeschichte? Kreuze an.
Wie viele Beine sind es jeweils zusammen?

a) Im Eisbärgehege leben 2 Eisbären.

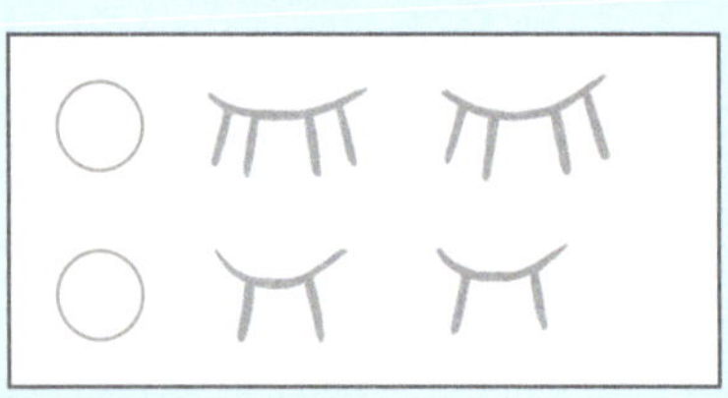

Rechnung: ___ + ___ = ___

Antwort: Es sind ______________________

b) Im Eisbärgehege leben 3 Eisbären.

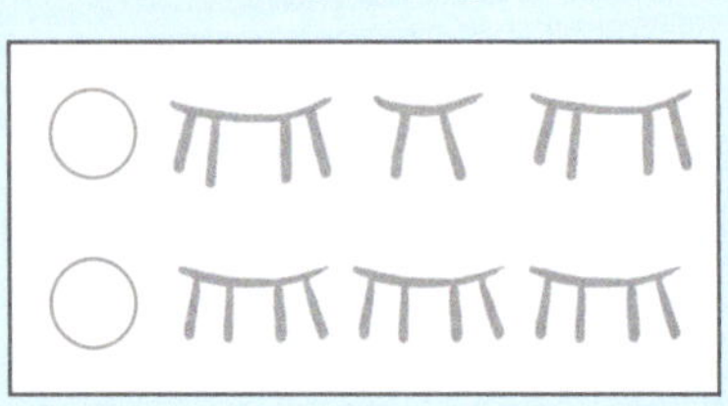

Rechnung: ___ + ___ + ___ = ___

Antwort: Es sind ______________________

Zuerst Aufgaben lösen, dann selbst einschätzen.

1 Vergleiche jeweils die Größe der Kinder.

Sara Fynn Mika Ben

a) ______________ ist am größten.

b) ______________ ist am kleinsten.

c) Mika ist größer als ______________________.

d) Sara ist kleiner als ______________________.

2 Vergleiche jeweils die Größe der Kinder.

Tarik Felix Leo Sila Sofie

a) ______________ ist am größten.

b) ______________ ist am kleinsten.

c) Leo ist genauso groß wie ________________.

d) Sila ist größer als ______________________.

e) Sofie ist kleiner als _____________________.

1 Markiere farbig: kürzer als 1 m, genau 1 m, länger als 1 m

a)

die Schere

b)

das Tafellineal

c)

der Füller

d)

das Auto

e)

das Meterband

f)

der Schuh

g)

der Bus

h)

die Tafel

i)
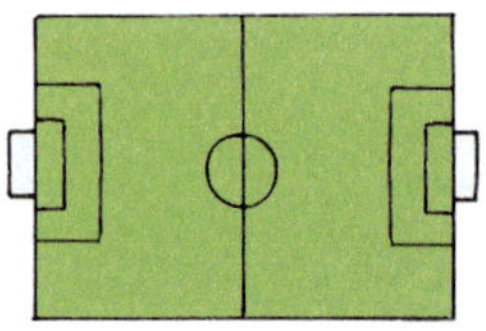
das Fußballfeld

j)
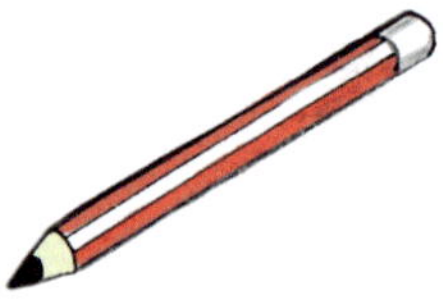
der Bleistift

1 a) 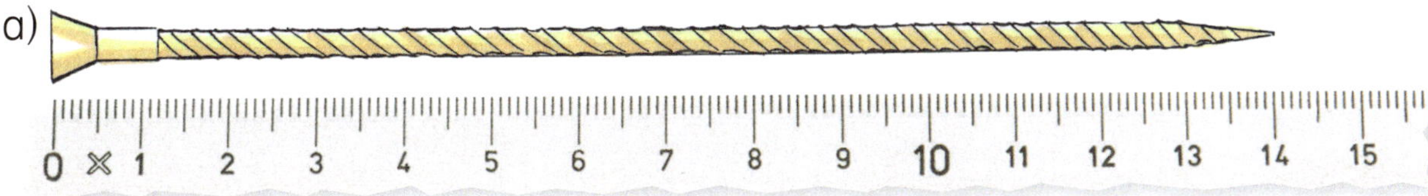

14 cm

b) 

____ cm

c) 

____ cm

d) 

____ cm

e) 

____ cm

f) 

____ cm

g) 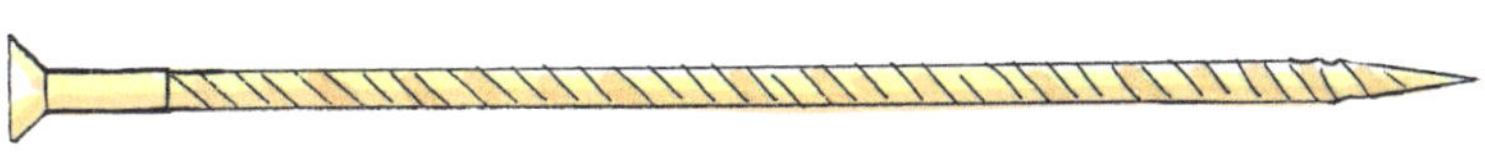

____ cm

h) 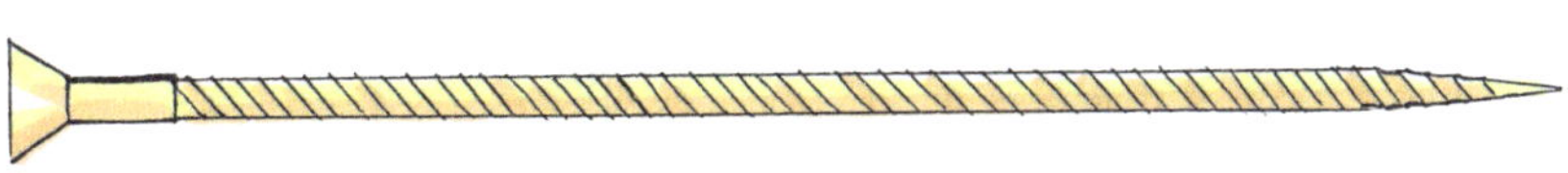

____ cm

Evtl. Material legen und messen.
Beim Messen auf das korrekte Anlegen des Lineals achten.

1 a)

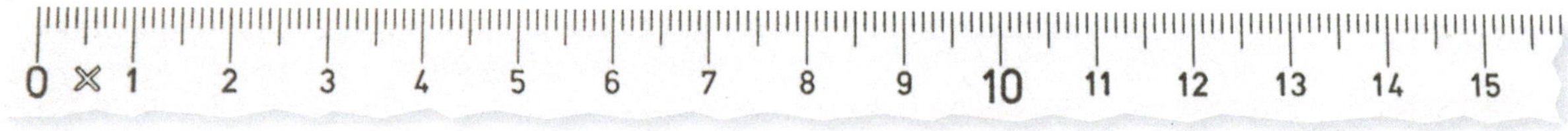

1 cm

b)

___ cm

c)

___ cm

d)

___ cm

e)

___ cm

f)

___ cm

g)

___ cm

h)

___ cm

Beim Messen auf das korrekte Anlegen des Lineals achten.

1 Zeichne Strecken.

a) 14 cm

b) 10 cm

c) 5 cm

d) 8 cm

e) 3 cm

f) 11 cm

g) 13 cm

Auf das korrekte Anlegen des Lineals achten.
Mit spitzem Bleistift zeichnen.

1 Wie spät ist es?
Notiere jeweils die fehlende Uhrzeit.

a) 

08:00 Uhr
20:00 Uhr

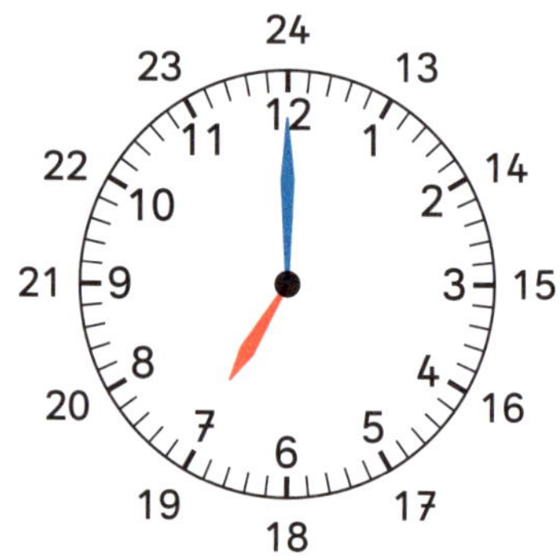

b) 

11:00 Uhr
______ Uhr

c) 

04:00 Uhr
______ Uhr

d) 

01:00 Uhr
______ Uhr

e) 

02:00 Uhr
______ Uhr

f) 

03:00 Uhr
______ Uhr

g) 

05:00 Uhr
______ Uhr

QR-Code: Erklärvideo nutzen.
Beide Bedeutungen jeder Uhrzeit besprechen.
Uhrzeiten auf der Lernuhr einstellen.

1

a) 

11:00 Uhr
23:00 Uhr

b) 

05:00 Uhr
_______ Uhr

c) 

06:00 Uhr
_______ Uhr

d) 

08:00 Uhr
_______ Uhr

2

a) 

_______ Uhr
_______ Uhr

b) 

_______ Uhr
_______ Uhr

c) 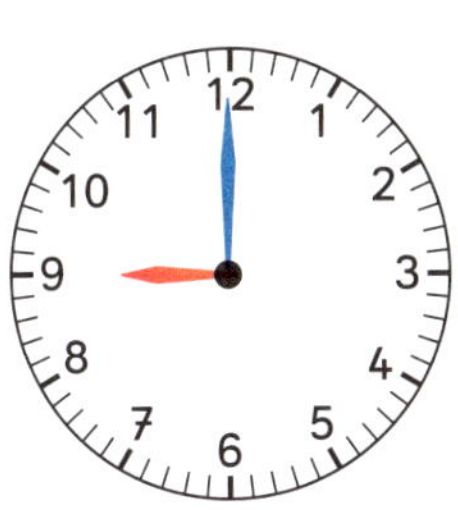

_______ Uhr
_______ Uhr

d) 

_______ Uhr
_______ Uhr

QR-Code: Erklärvideo nutzen.
Uhrzeiten auf der Lernuhr einstellen.

1

a) 

07:30 Uhr

b) 

_______ Uhr

c) 

_______ Uhr

d) 

_______ Uhr

2

a) 

_______ Uhr

b) 

_______ Uhr

c) 

_______ Uhr

d) 

_______ Uhr

QR-Code: Erklärvideo nutzen.
Uhrzeiten auf der Lernuhr einstellen.
Passende Uhrzeiten eintragen.

1

a) 

11:15 Uhr

b) 

_______ Uhr

c) 

_______ Uhr

d) 

_______ Uhr

2

a) 

_______ Uhr

b) 

_______ Uhr

c) 

_______ Uhr

d) 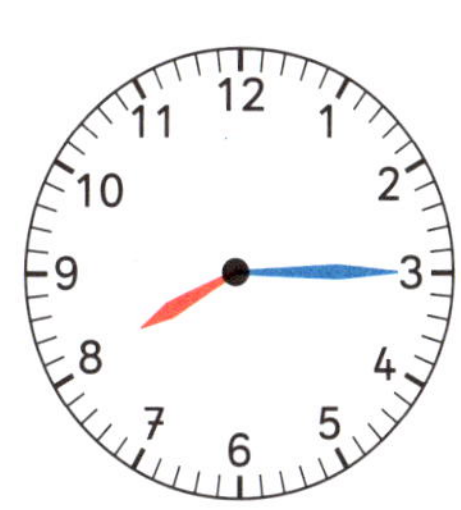

_______ Uhr

QR-Code: Erklärvideo nutzen.
Uhrzeiten auf der Lernuhr einstellen.
Verschiedene Sprechweisen thematisieren.

1

a) 

09:45 Uhr

b) 

______ Uhr

c) 

______ Uhr

d) 

______ Uhr

2

a) 

______ Uhr

b) 

______ Uhr

c) 

______ Uhr

d) 

______ Uhr

QR-Code: Erklärvideo nutzen.
Uhrzeiten auf der Lernuhr einstellen.
Verschiedene Sprechweisen thematisieren.

1

a) 

04:00 Uhr

b) 

______ Uhr

c) 

______ Uhr

d) 

______ Uhr

2

a) 

______ Uhr

b) 

______ Uhr

c) 

______ Uhr

d) 

______ Uhr

QR-Code: Erklärvideo nutzen.
Uhrzeiten auf der Lernuhr einstellen.
Verschiedene Sprechweisen thematisieren.

Wie viel Zeit ist jeweils vergangen?

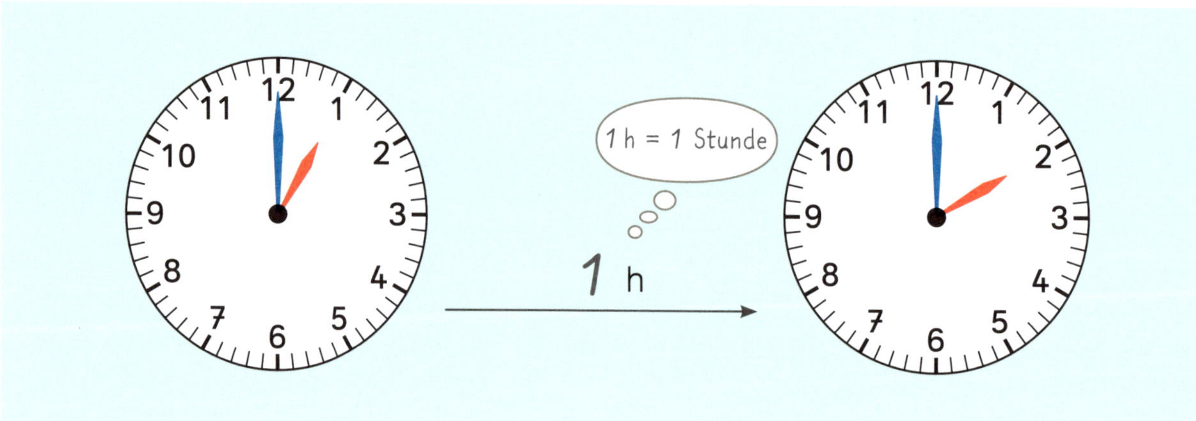

1 a)

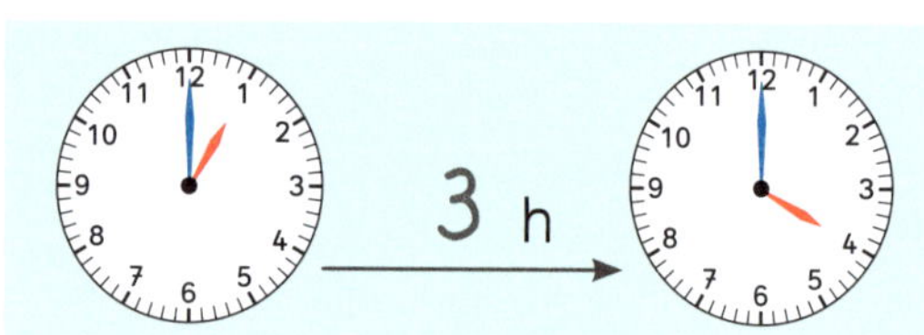

b)

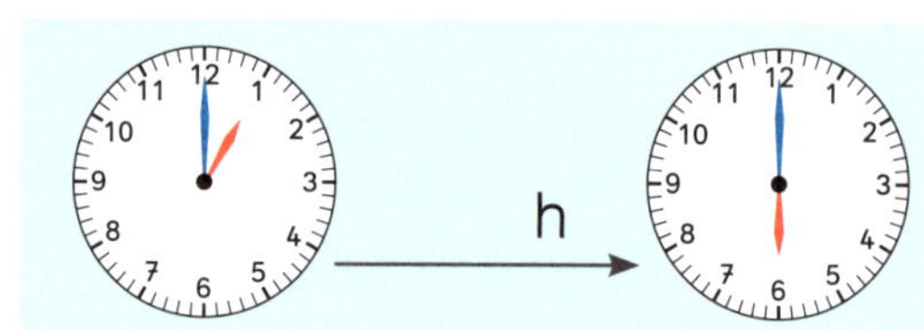

2 a)

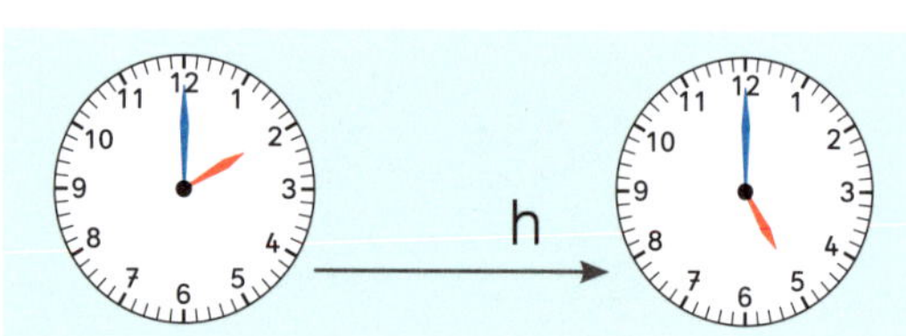

b)

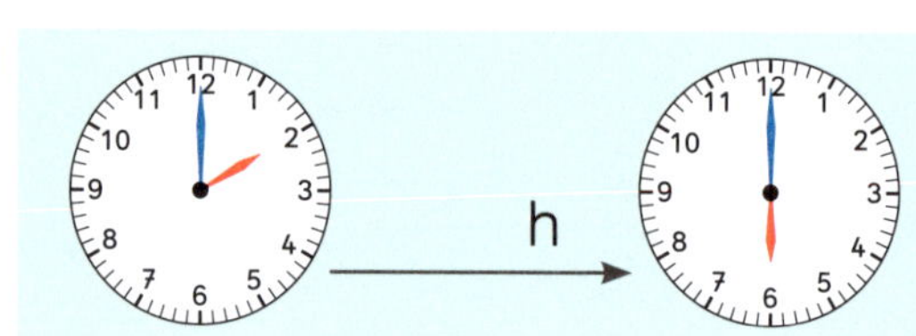

3 a)

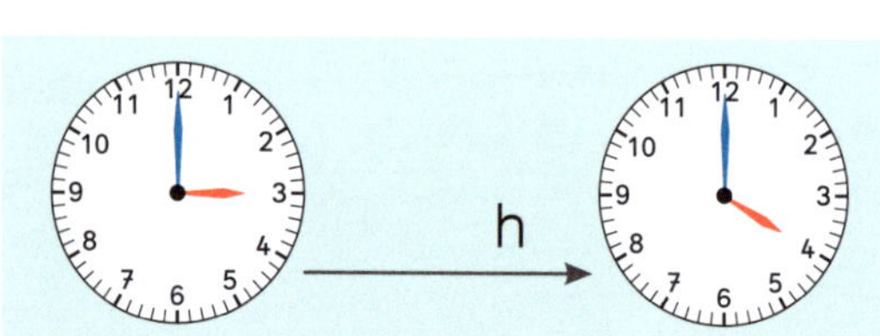

b)

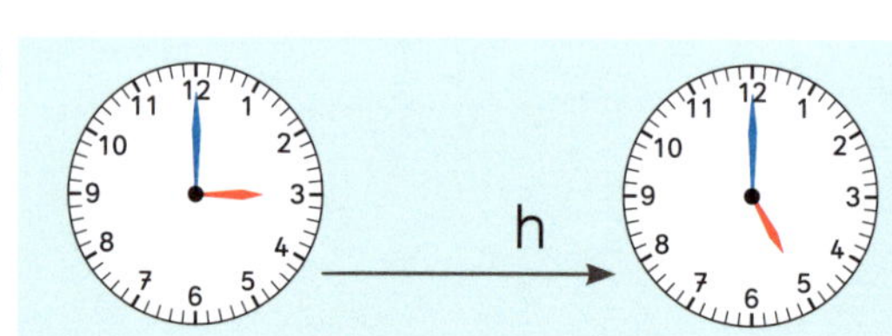

QR-Code: Erklärvideo nutzen.
Auf der Lernuhr die Uhrzeiten einstellen.
Die festgestellten Zeitspannen auf die Pfeile schreiben.

Zeitspannen
Stunden

1 a)

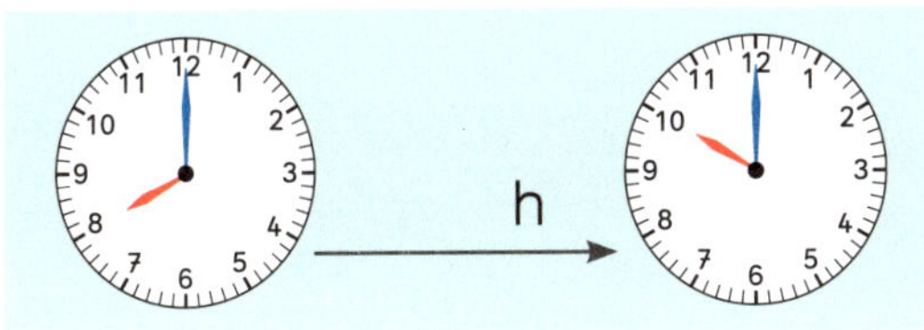

b)

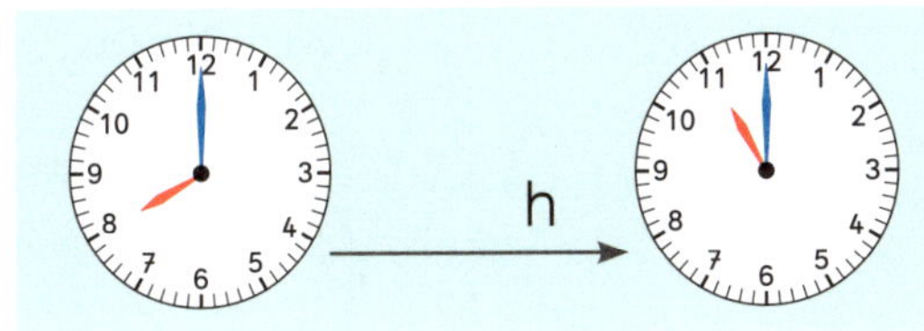

2 a)

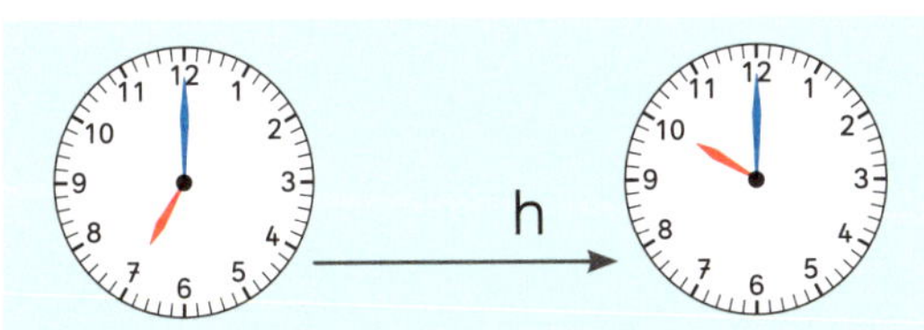

b)

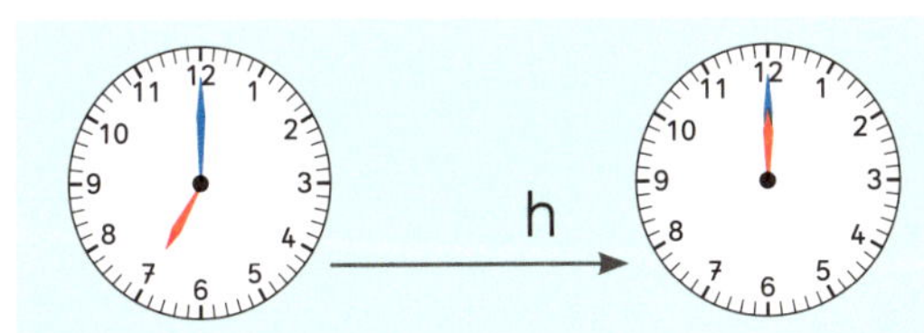

3 a)

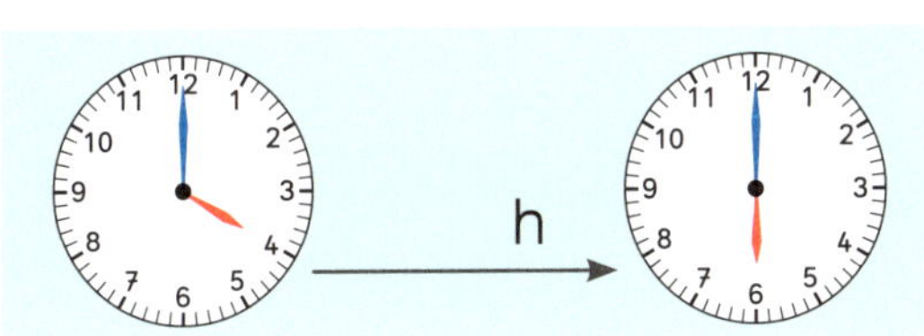

b)

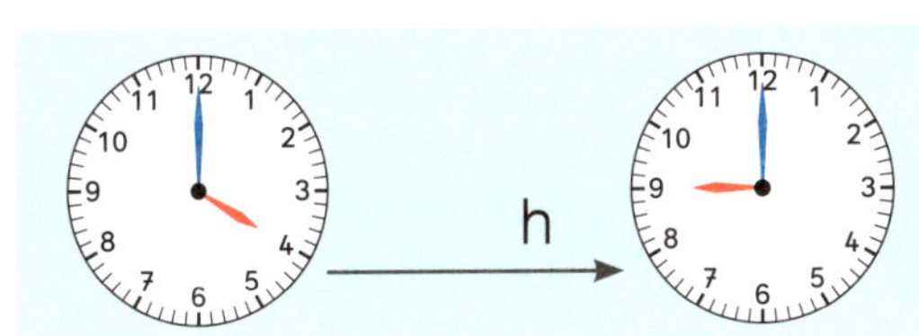

4 a)

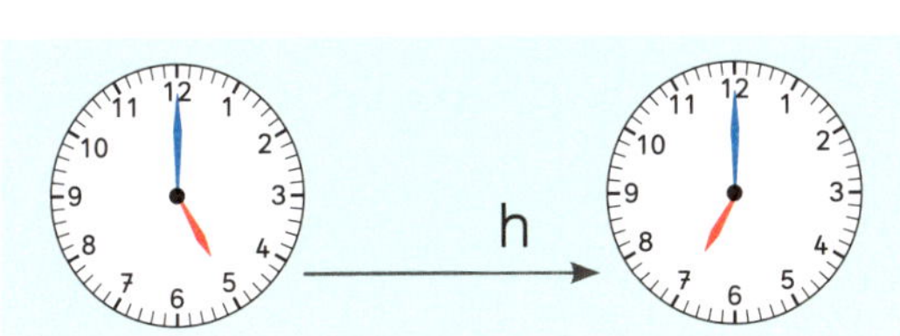

b)

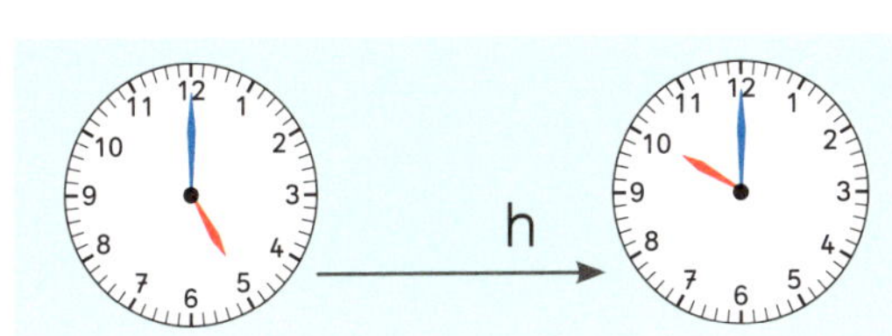

QR-Code: Erklärvideo nutzen.
Auf der Lernuhr die Uhrzeiten einstellen.
Die festgestellten Zeitspannen auf die Pfeile schreiben.

Zeitspannen
Minuten

Wie viel Zeit ist jeweils vergangen?

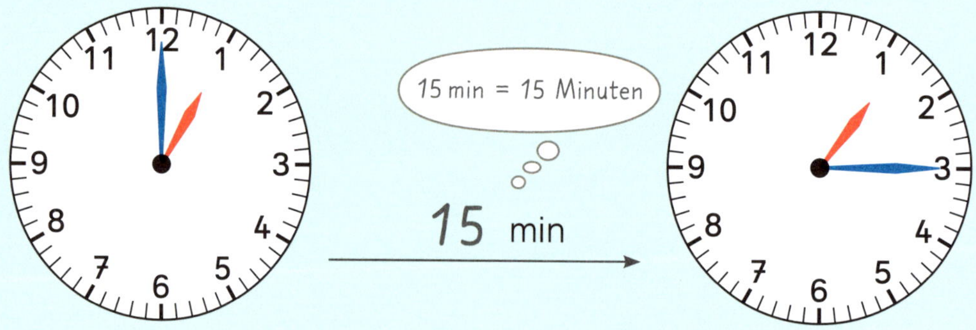

1 a)

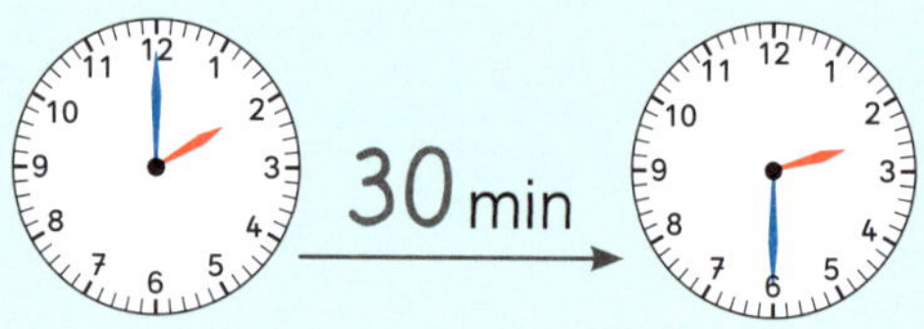

b)

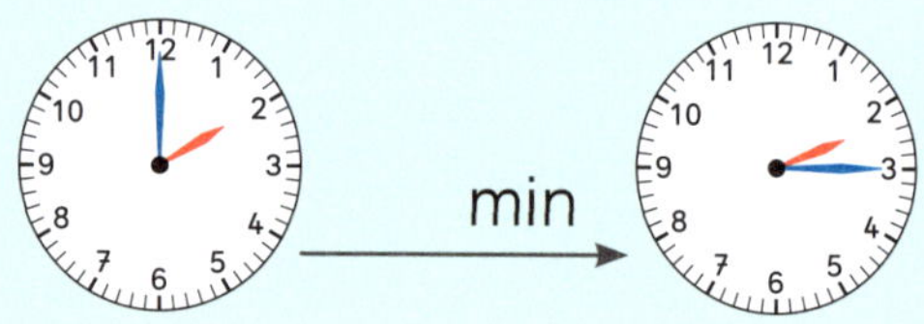

2 a)

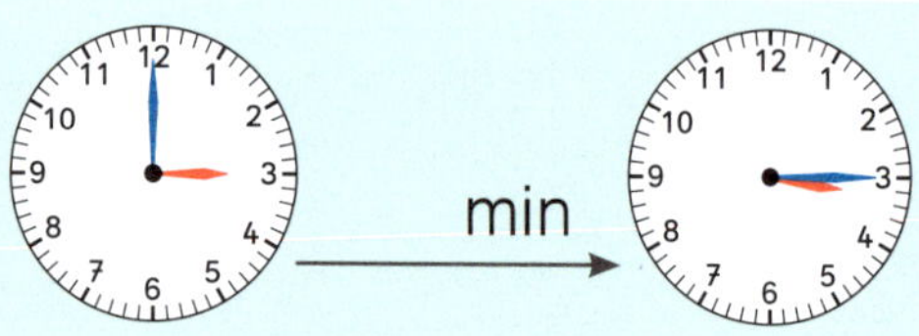

b)

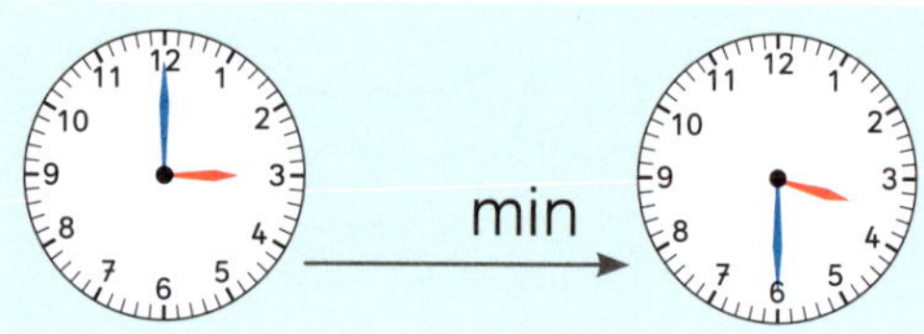

3 a)

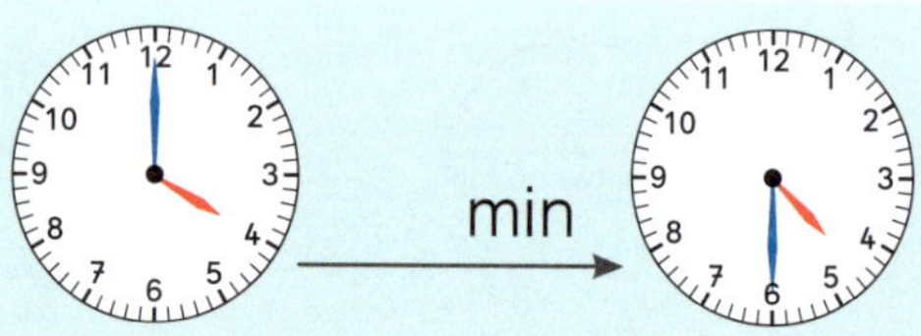

b)

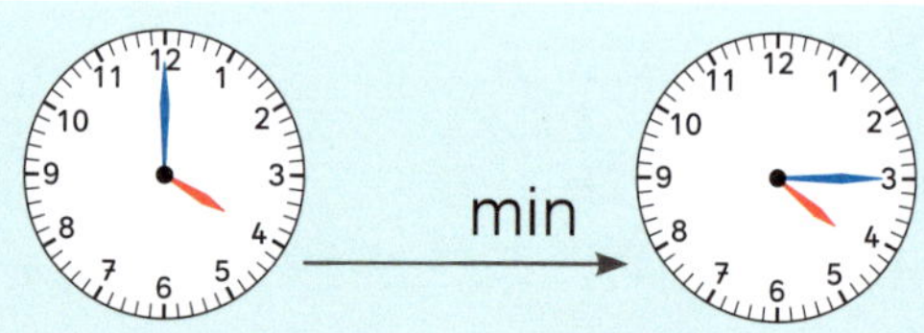

QR-Code: Erklärvideo nutzen.
Auf der Lernuhr die Uhrzeiten einstellen.
Die festgestellten Zeitspannen auf die Pfeile schreiben.

Zeitspannen
Minuten

1 a)

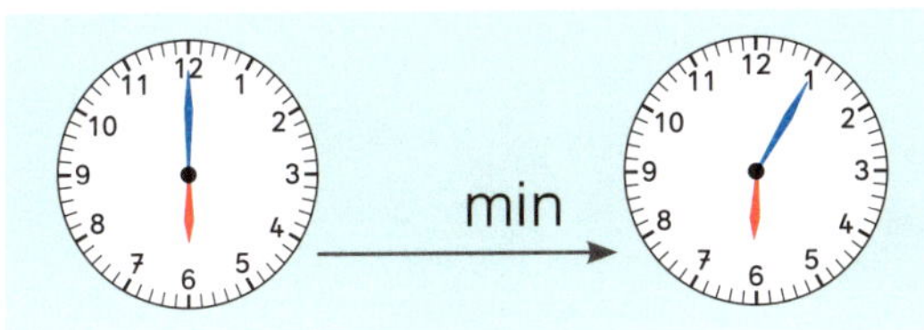

b)

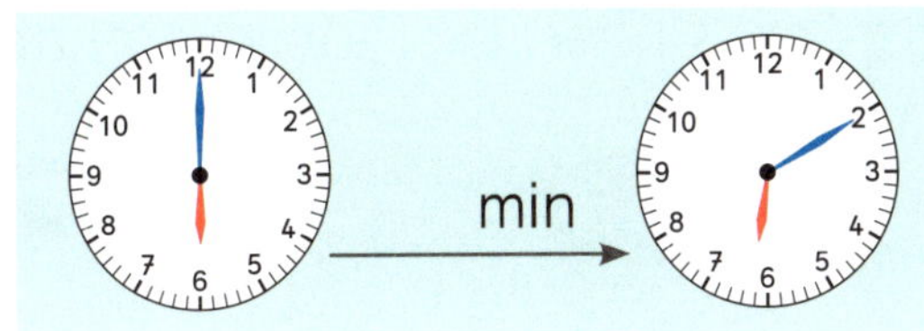

2 a)

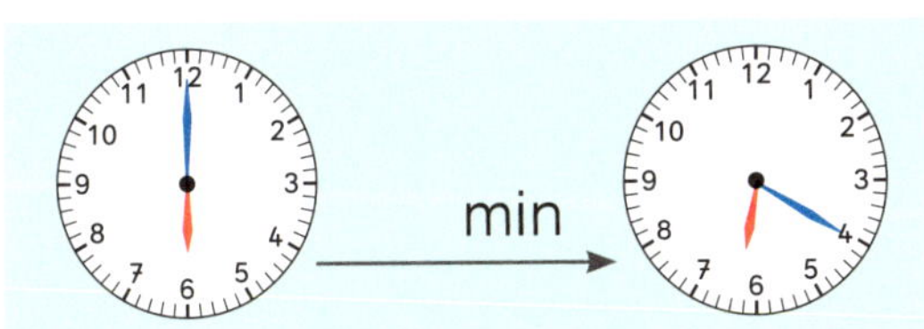

b)

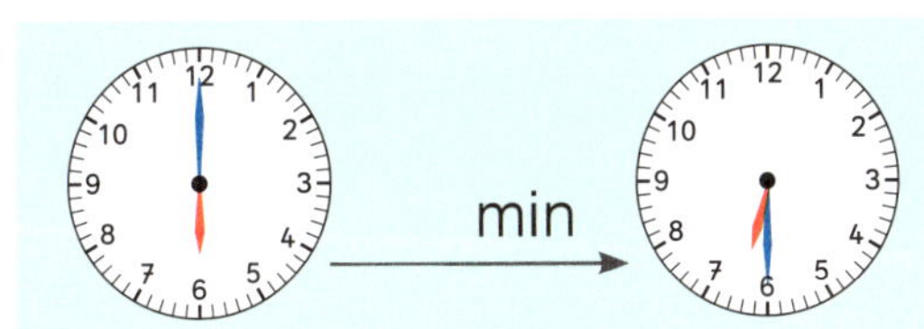

3 a)

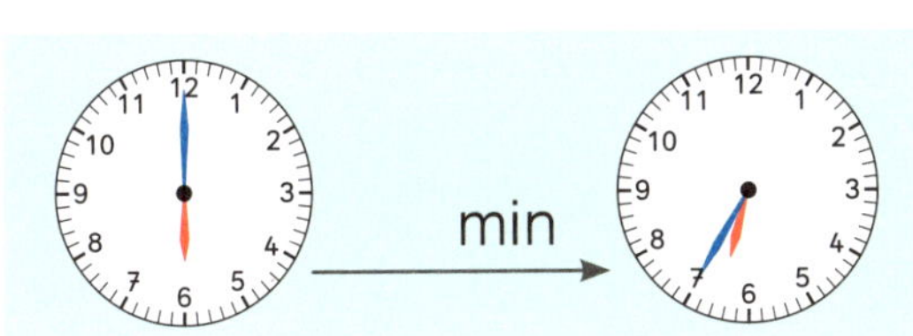

b)

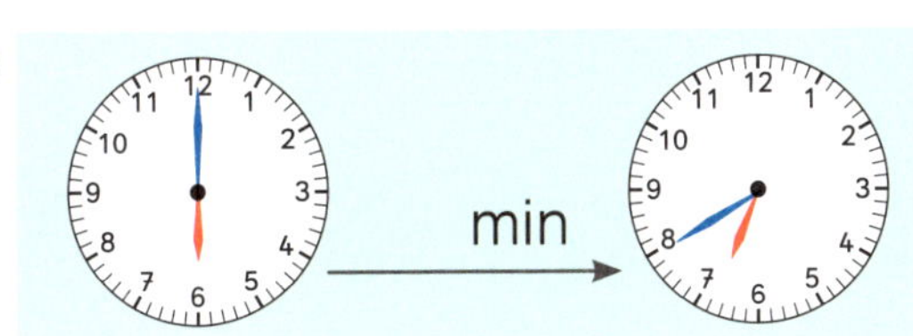

4 a)

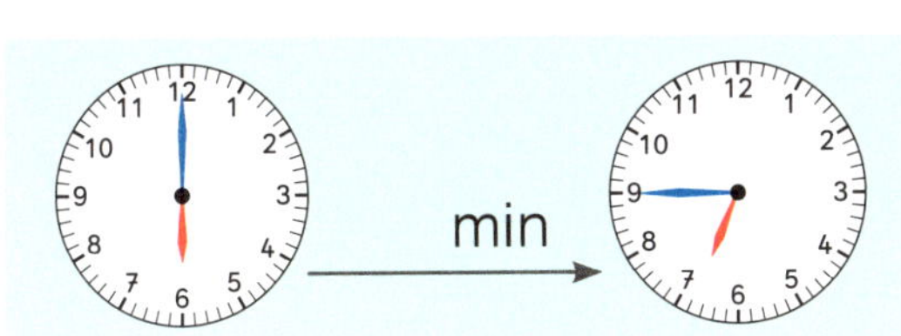

b)

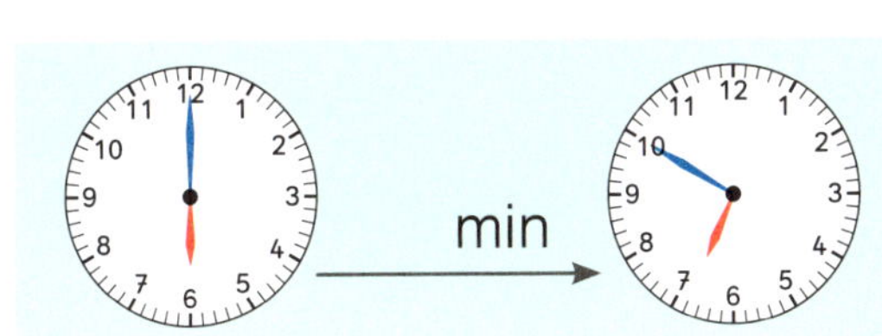

QR-Code: Erklärvideo nutzen.
Die festgestellten Zeitspannen auf die Pfeile schreiben.

1 Die Kinder der Klasse 2a haben diese Haustiere.

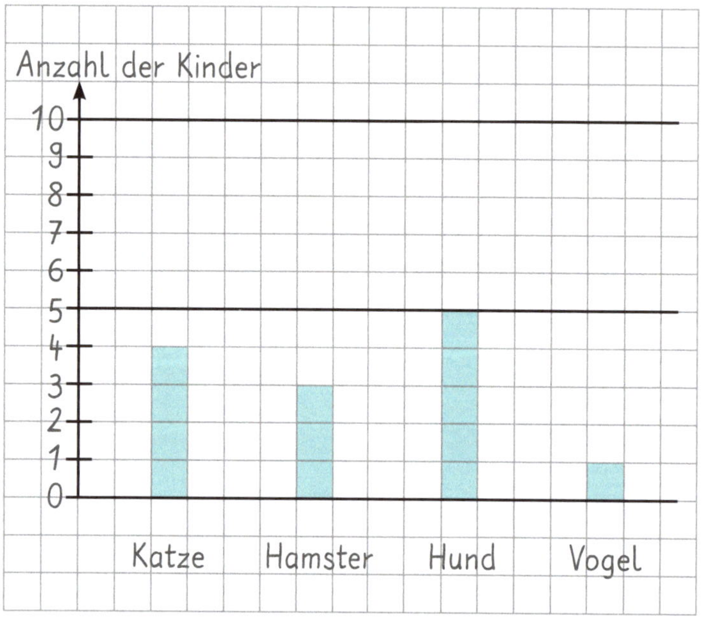

a) Trage in die Tabelle ein.

Klasse	Katze	Hamster	Hund	Vogel
2a	4			

b) Welches Haustier haben die meisten Kinder?

____

c) Welches Haustier haben die wenigsten Kinder?

____

d) Wie viele Kinder haben einen Hamster?

____

e) Wie viele Kinder haben einen Hund?

____

Dem Säulendiagramm Daten entnehmen und Fragen beantworten.

1 Die Kinder der Klasse 2b haben diese Haustiere.

Klasse	Katze	Hamster	Hund	Vogel
2b	6	3	4	2

a) Zeichne das Säulendiagramm.

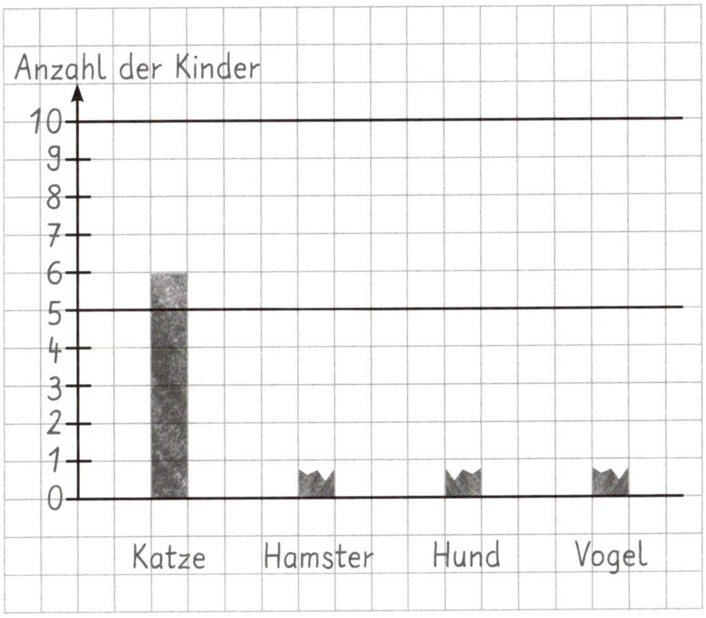

b) Wie viele Kinder haben eine Katze?

____

c) Welches Haustier haben die meisten Kinder?

____

d) Welches Haustier haben die wenigsten Kinder?

____

e) Wie viele Kinder haben ein Haustier?

____

Der Tabelle Daten entnehmen. Ein Säulendiagramm dazu zeichnen und Fragen beantworten.

1

a)  ____ cm

b)  ____ cm

c)  ____ cm

d) 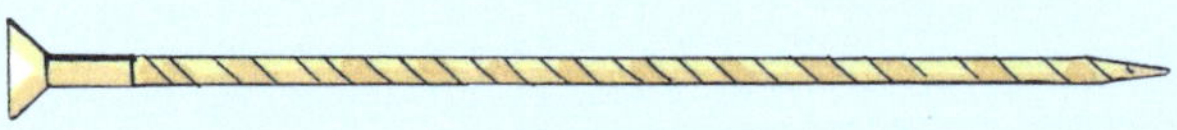 ____ cm

2

a) 

________ Uhr

________ Uhr

b) 

________ Uhr

________ Uhr

3

a) 

________ Uhr

b) 

________ Uhr

c) 

________ Uhr

d) 

________ Uhr

Zuerst Aufgaben lösen, dann selbst einschätzen.